Reime finden

Schau dir die Bilder an und benenne die Dinge laut.
Was reimt sich?

Die Geburtstagsfeier

Susi hat Geburtstag und lädt ihre Freunde ein.
Wie alt wird sie? Was entdeckst du alles 5-mal?
Male das Bild aus.

Familienbild

Was hat sich verändert? Kannst du zwischen den Bildern 10 Unterschiede finden?

Der Buchstabe A

Benenne alle Bilder, die mit A anfangen.
Welches gehört nicht dazu?

Die richtige Reihenfolge

Was passiert zuerst? Versuche, die Geschichte der Reihe nach zu erzählen.

Labyrinth

Wer bekommt das Päckchen? Max, Lisa oder Anna?
Suche den Weg durch das Labyrinth.

Zählen lernen

Wo siehst du zwei, drei, vier oder fünf Sachen?
Verbinde sie mit dem richtigen Würfelbild.

Bunte Tierwelt

Wo gehören die Tiere hin? In den Wald, in den Zoo oder auf den Bauernhof? Wie heißen sie?

Heiß oder kalt

Schau die Dinge an und male alle, die kalt sind, blau aus. Für die warmen nimmst du eine rote Farbe.

Zählen

Zähle die Spielsachen in jedem Feld und male immer genauso viele Punkte aus, wie es Sachen sind.

Einkaufskorb

Schau dir die beiden Bilder vom Einkaufskorb an.
Findest du 8 Unterschiede?

Formen zeichnen

Erkennst du die Formen? Kannst du sie nachzeichnen und die Reihe beenden?

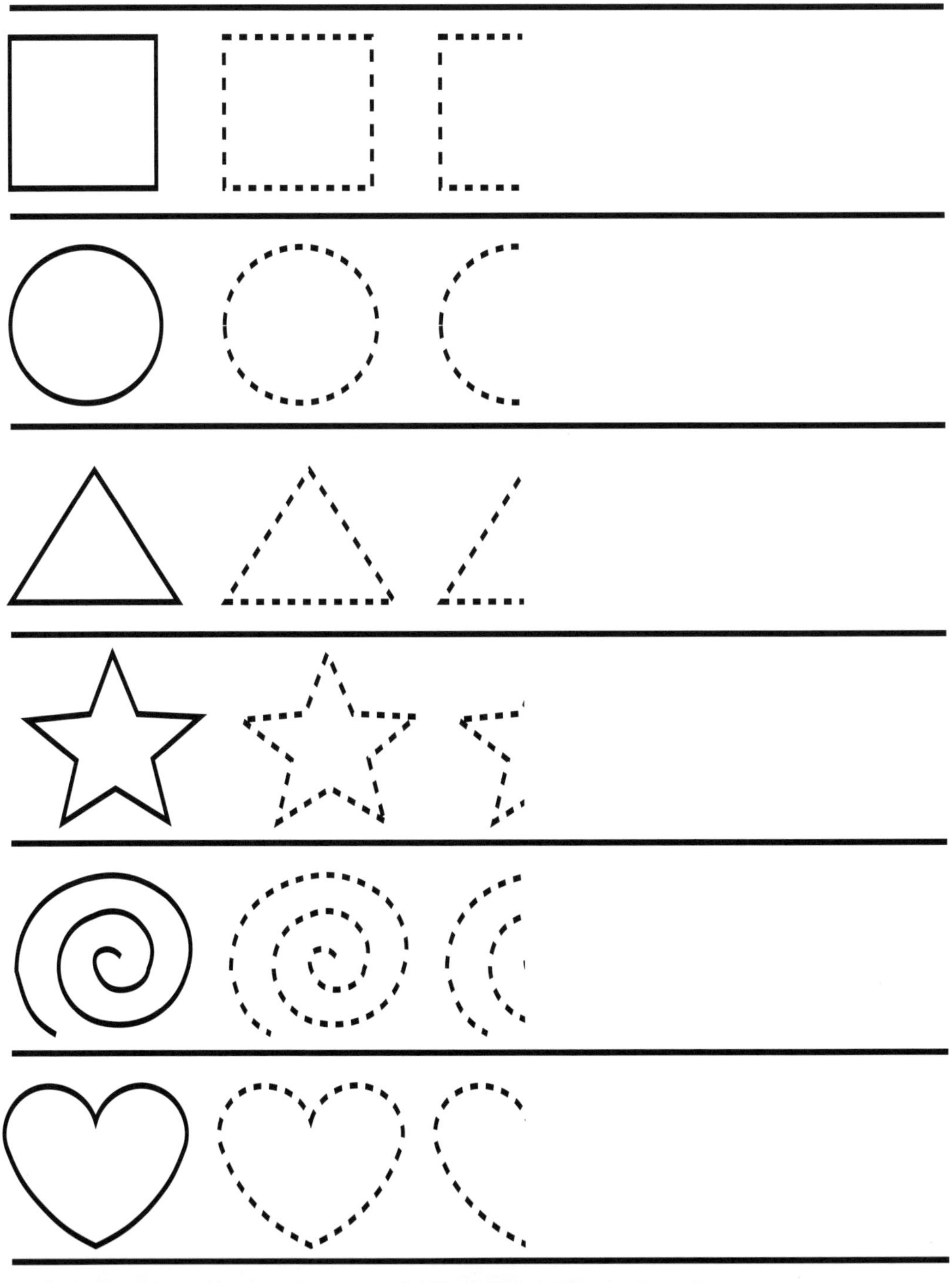

Wörter finden

Sage laut die Namen der Dinge und versuche, aus zwei Begriffen einen neuen zu machen, z. B. Sonnenblume.

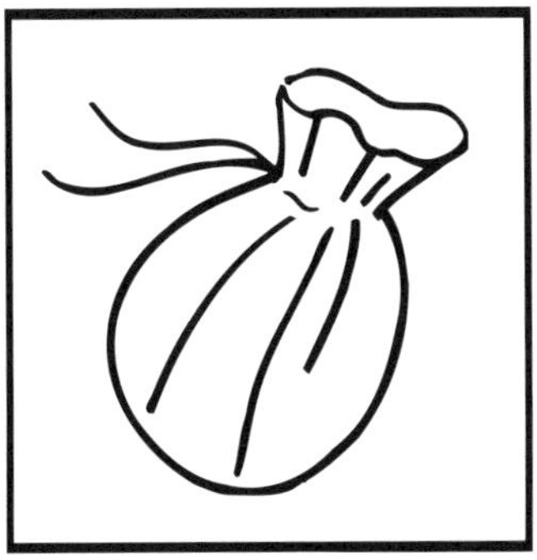

Auf dem Spielplatz

Schau die Kinder auf dem Spielplatz an. Was machen sie? Kannst du die abgebildeten Sachen wiederfinden?

Der Buchstabe H

Benenne alle Bilder, die mit H anfangen. Welches gehört nicht dazu?

Plätzchen backen

Leo hat Plätzchen gebacken und will sie verschenken. Kannst du ihm helfen, immer vier verschiedene einzukreisen? Was gehört nicht dazu?

Farben erkennen

Welche dieser Dinge sind in Wirklichkeit grün?
Male sie grün an. Male die anderen Bilder in deinen Lieblingsfarben aus.

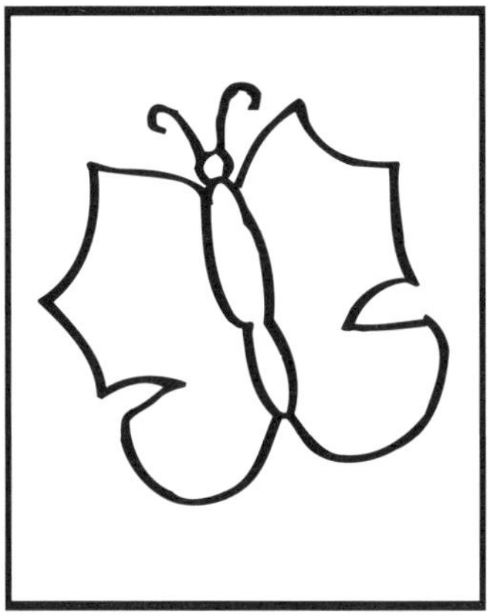

Knöpfe vergleichen

Wodurch unterscheiden sich die Felder? Von welchen Knöpfen gibt es jeweils am meisten, von welchen am wenigsten?

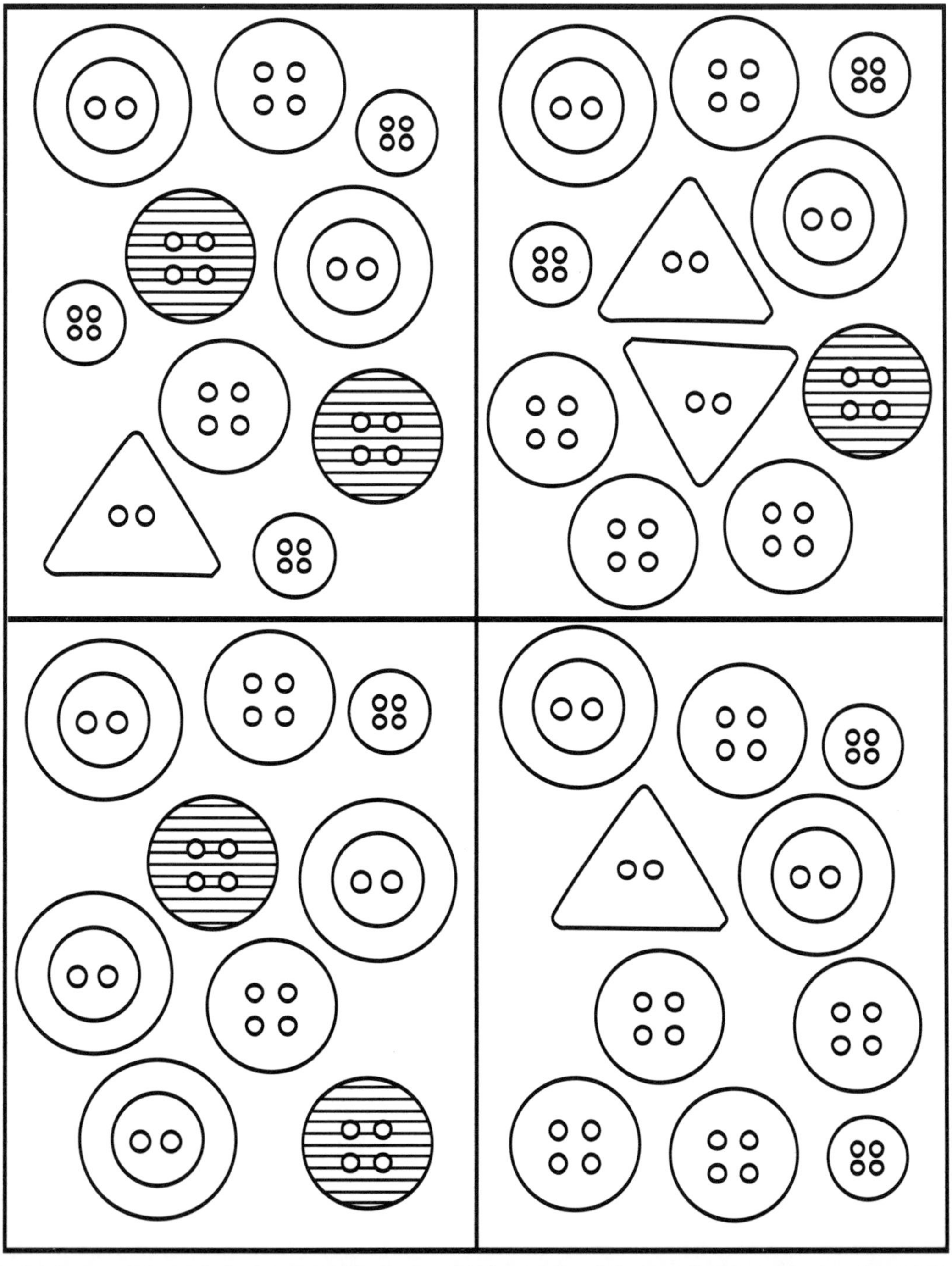

Obstsalat

Zähle die Früchte in den Kreisen und verbinde sie mit den richtigen Zahlen.

Janas Tag

Hier siehst du vier Bilder aus Janas Tagesablauf. Was tut Jana zuerst? Bringe die Bilder in die richtige Reihenfolge.

Was passt nicht?

Finde in jeder Reihe den Gegenstand, der nicht zu den anderen passt, und male ihn aus.

Im Zoo

Was siehst du alles, was in diesem Zoo nicht stimmt?
Finde 7 Fehler.

Der Buchstabe G

Benenne alle Bilder, die mit G anfangen.
Welches gehört nicht dazu?

Spiegelbilder

Suche das jeweilige Spiegelbild und verbinde die Paare miteinander.

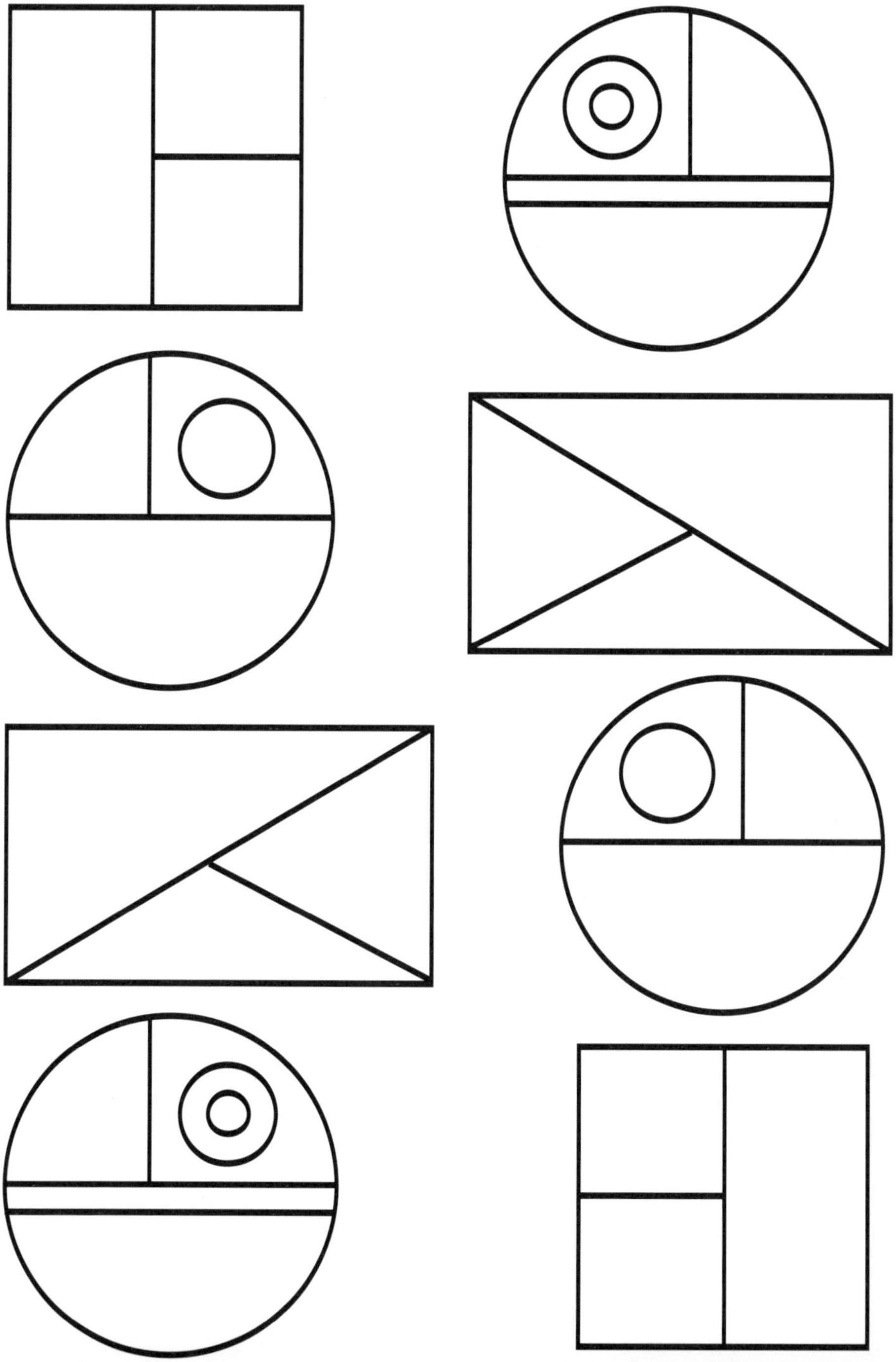

Mengen erkennen

Wie viele Gegenstände von jeder Sorte findest du in den Kästchen? Kreise die richtige Zahl ein.

1 2 3 4 5 6

1 2 3 4 5 6

1 2 3 4 5 6

1 2 3 4 5 6

Gelb oder rot?

Entscheide, welche Farbe zu jedem Gegenstand gehört, und male ihn gelb oder rot aus.

Was gehört dazu?

Tom hat sich heute als Indianer verkleidet. Welches Haus passt zu ihm? Male Tom und sein Haus bunt an.

Schattenbilder

Welcher Schatten gehört zu welchem Tier? Verbinde.

Aufräumen

Max räumt sein Kinderzimmer auf. Male alle Sachen aus, die du mindestens zweimal siehst.

Der Buchstabe B

Benenne alle Bilder, die mit B anfangen. Welches gehört nicht dazu?

Kleiner und größer

Diese Gegenstände sind unterschiedlich groß.
Überlege: Was ist in Wirklichkeit am größten,
was am kleinsten?

Buchstaben sortieren

Dieses Mädchen spielt mit 4 Bällen, auf denen du Buchstaben sehen kannst. Ordne die Bälle in die richtige Reihenfolge, dann weißt du, wie das Mädchen heißt.

Weniger und mehr

Finde heraus, welcher Drachen die meisten und welcher die wenigsten Schleifen hat. Welche haben gleich viele Schleifen?

Die Zahl 3

Male alles aus, was du 3-mal auf dem Bild erkennen kannst.

Unterschiede finden

Was hat sich verändert? Welche Fehler kannst du im unteren Bild finden?

Zählen

Zähle die Gegenstände in den Kästchen und umkreise die richtige Zahl.

1 2 3 4 5 6

1 2 3 4 5 6

1 2 3 4 5 6

1 2 3 4 5 6

Was ist verkehrt?

Schau den Nikolaus an und male alles aus, was nicht dazugehört.

Dinosaurier

Suche die Dinos, die 2-mal vorkommen, und streiche sie durch. Welche beiden Tiere bleiben übrig?

Mengen erkennen

Schau dir die Dinge genau an. Dann zähle und verbinde sie mit dem richtigen Würfelbild.

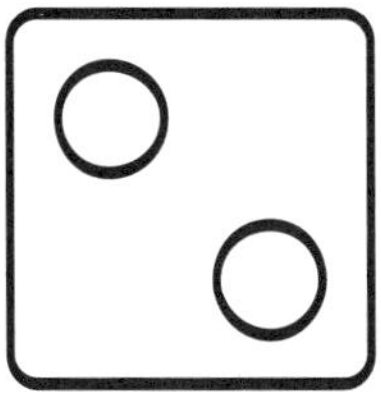

2

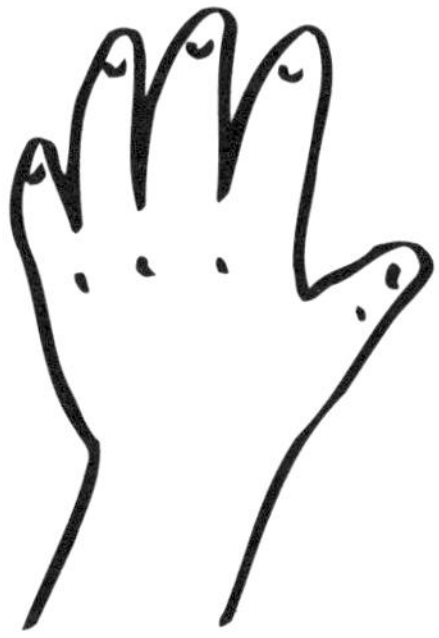

3

4

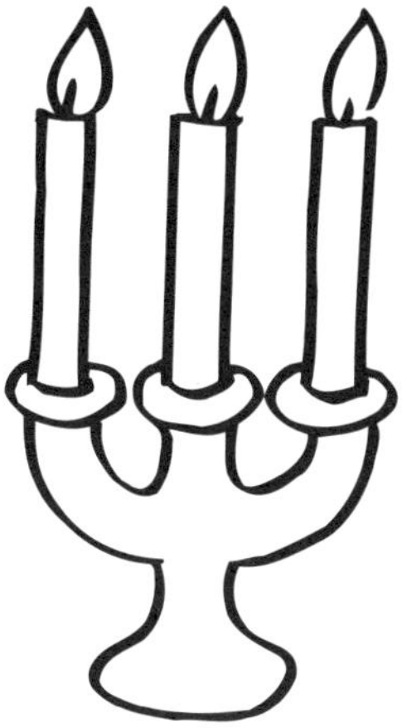

6

5

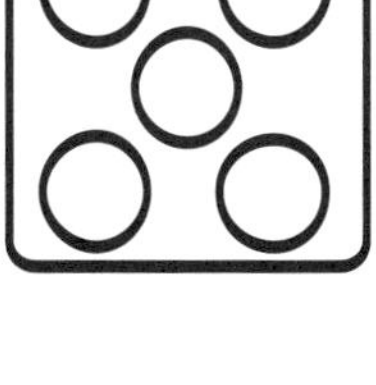

Wohin geht die Reise?

Wo fahren die Busse hin? Folge den Linien und schreibe den richtigen Buchstaben neben das Reiseziel.

Was ist anders?

In jeder Reihe ist ein Gegenstand etwas anders.
Male ihn aus, wenn du ihn gefunden hast.

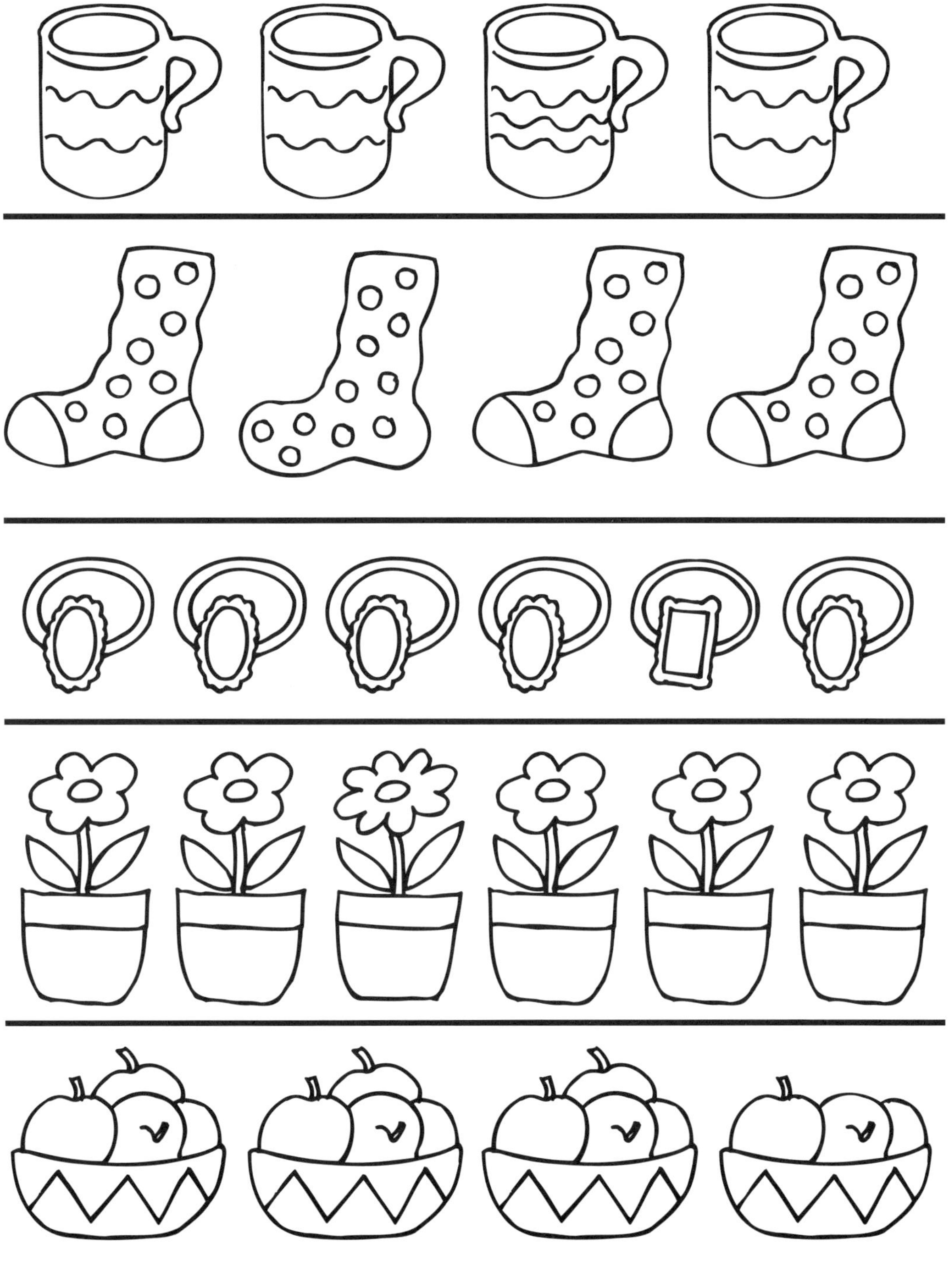

Zählen

Male so viele Kreise aus, wie du Gegenstände in der Reihe erkennen kannst.

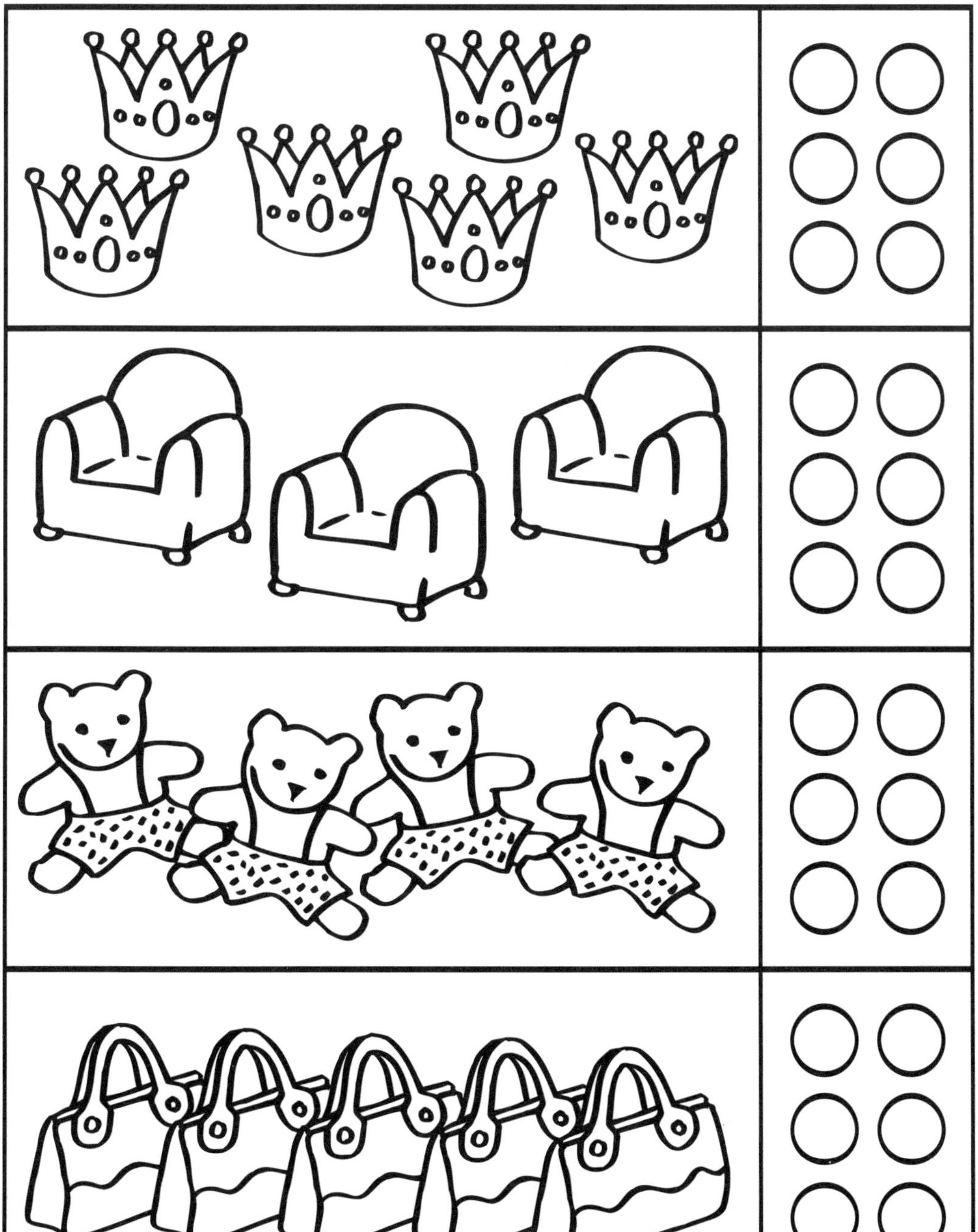

Wort suchen

Wenn du die Buchstaben richtig in ihre Formen auf der rechten Seite einsetzt, kannst du lesen, worüber sich Maja heute freut.

Der Buchstabe E

Benenne alle Bilder, die mit E anfangen. Was gehört nicht dazu?

Auf dem Markt

Welche Zahlen und Buchstaben kannst du auf dem Bild entdecken? Male das Bild bunt aus.

Schattenbilder

Welcher Schatten gehört zu welchem Buchstaben?
Schau gut hin, bevor du sie verbindest.

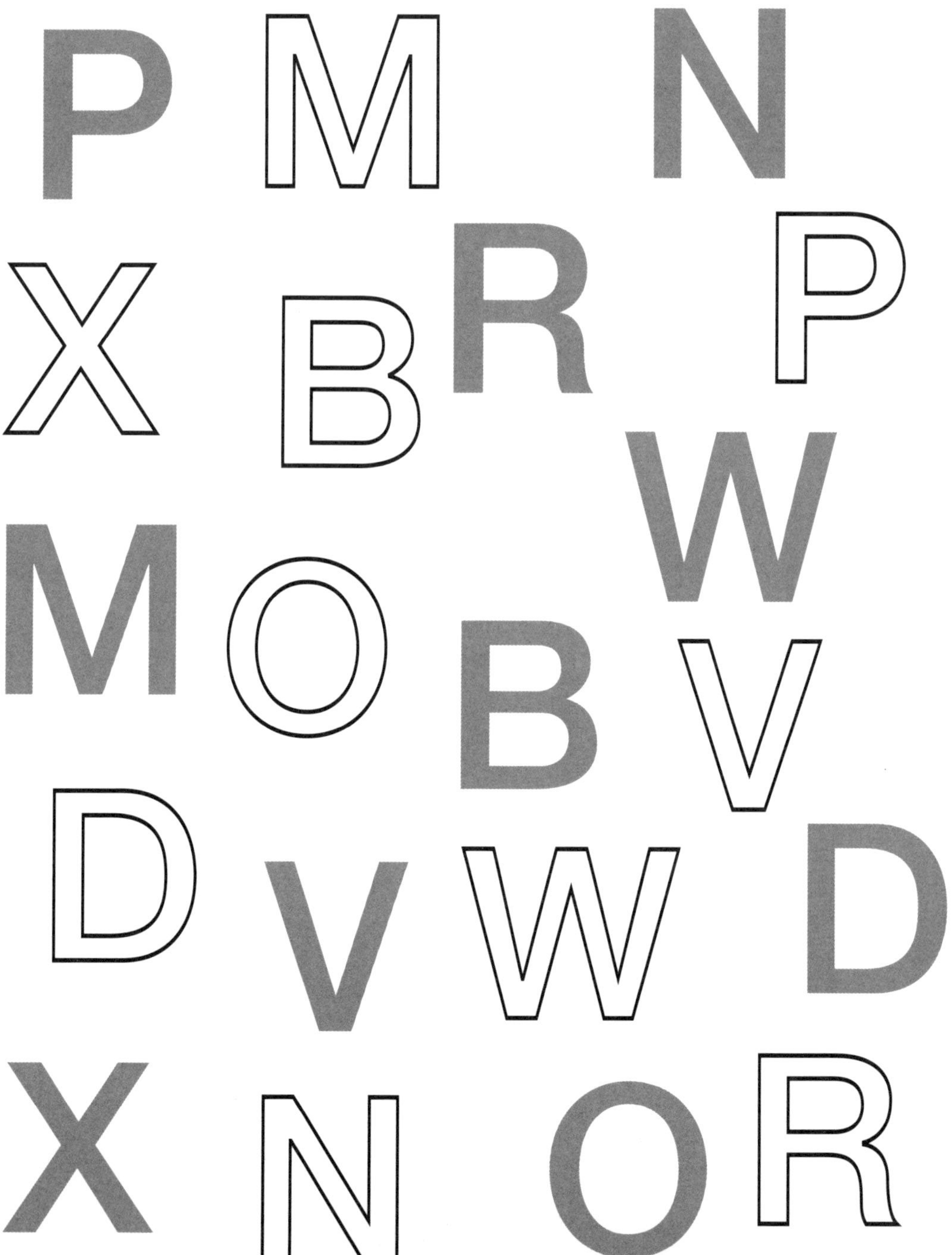

Größen vergleichen

Drei Schneemänner sind unterschiedlich groß. Leider haben sie ihre Nasen und Besen vertauscht. Ordne jedem nach seiner Größe die richtigen Dinge zu.

Die Zahl 4

Male alles aus, was auf dem Bild 4-mal vorkommt.

Der Buchstabe M

Benenne alle Bilder, die mit M anfangen. Was gehört nicht dazu?

Zahlenschnipsel

Timo hat an den Zahlen von 1 bis 4 herumgeschnipselt. Kannst du die Stücke wieder richtig zuordnen?

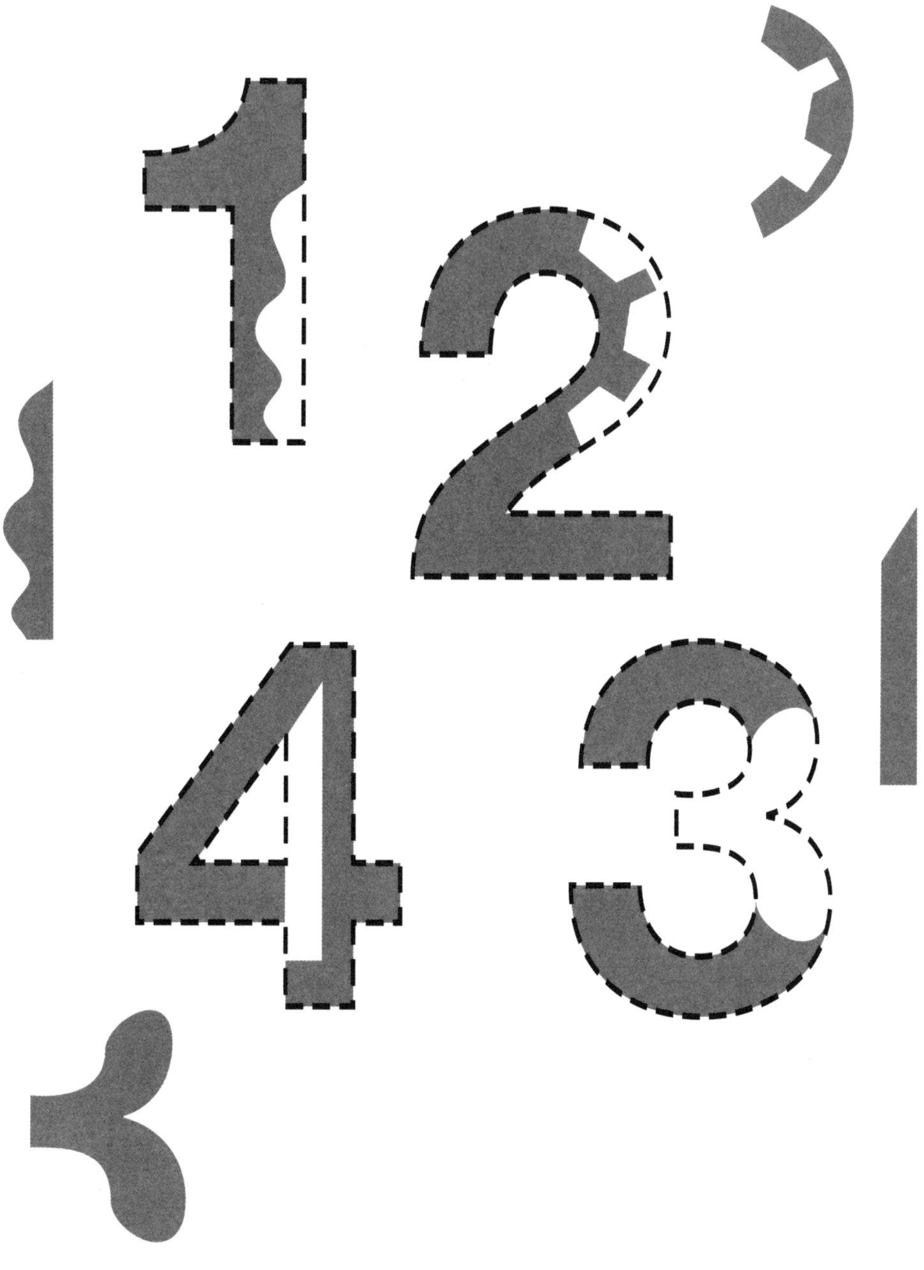

Kuchenstücke

Zähle, wie viele Kuchenstücke es von jeder Sorte gibt, und verbinde den Teller mit der richtigen Zahl.

Was gehört zu wem?

Versuche herauszufinden, wem welche Gegenstände gehören. Male alle Dinge mit dem gleichen Muster bunt aus.

Der Buchstabe D

Benenne alle Bilder, die mit D anfangen. Was gehört nicht dazu?

Suchbild

Kannst du zählen, wie viele Menschen und Tiere in diesem Haus wohnen? Male alles bunt aus.

Zählen und malen

Male immer so viele Wagen bunt an, wie die Zahl auf der Lok anzeigt.

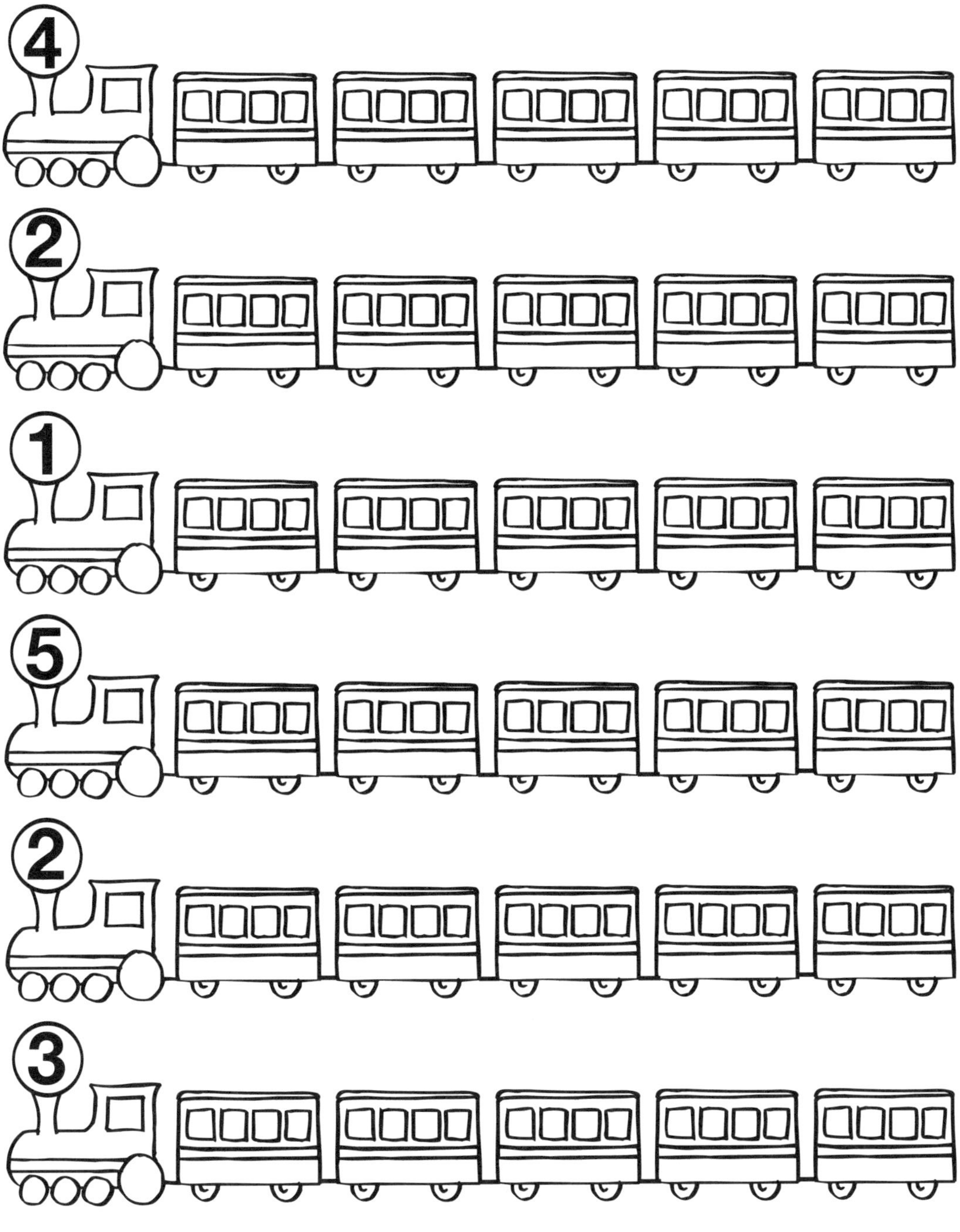

Welcher Buchstabe passt nicht?

In jeder Reihe ist ein Buchstabe, der nicht dazugehört.
Finde ihn und male ihn bunt aus.

a	a	a	o	a
b	b	d	b	b
w	v	w	w	w
n	n	n	n	u
p	p	g	p	p

Anfangsbuchstaben

Wenn du die Anfangsbuchstaben richtig einsetzt, erfährst du einen Tiernamen.

Suchen und zählen

Schau das Bild genau an und zähle dann die verschiedenen Tiere. Male genauso viele Punkte in das Kästchen darunter.

Malen nach Buchstaben

Male alle Felder mit einem b braun und die mit einem g grün aus, dann siehst du, wer da sitzt.

Der Buchstabe L

Benenne alle Bilder, die mit L anfangen. Was gehört nicht dazu?

Zahlen finden

In diesem Bild sind Zahlen von 1 bis 6 versteckt. Wenn du sie alle gefunden hast, male sie bunt aus.

Wege finden

Kannst du dem Schmetterling den Weg zur Blume zeigen? Betrachte den oberen Weg und versuche ihn genau nachzuzeichnen.

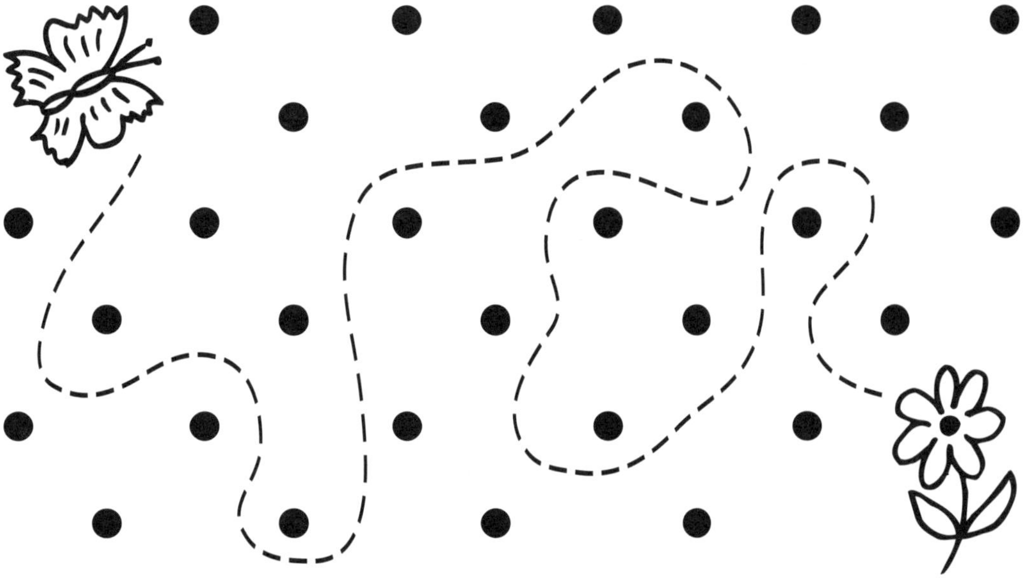

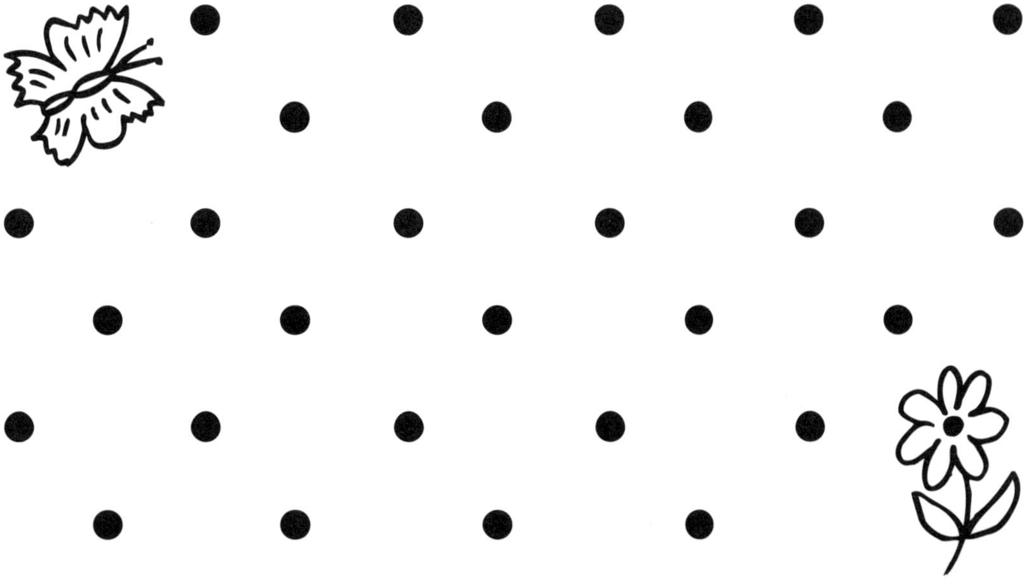

Die Zahl 5

Male alle Tiere aus, die du 5-mal auf dem Bild erkennen kannst.

Raten und zählen

Rate erst und zähle dann, wie viele Dinge jeweils in den Kästchen sind. Male genauso viele Kreise aus.

Auf der Blumenwiese

Schau die verschiedenen Schmetterlinge und Blumen an und male jeweils genauso viele Punkte aus.

Mengenunterschiede

In jedem Feld sind zwei Arten von Dingen. Wovon gibt es die meisten? Umkreise die richtige Zahl.

1 2 3 4 5 6

1 2 3 4 5 6

1 2 3 4 5 6

1 2 3 4 5 6

Münzen sortieren

Kreise immer so viele Münzen ein, wie die Zahl auf dem Schild zeigt. Wie viele bleiben übrig?

Auf großer Fahrt

Kannst du im unteren Bild 9 Fehler finden?

Beim Fischen

Drei Fischer waren beim Fischen. Zähle, wie viele Fische jeder gefangen hat. Wer hat am meisten, wer am wenigsten?

Murmeln sortieren

Kannst du Lena helfen, die Murmeln zu sortieren?
Von jeder Sorte soll immer eine in einen Beutel.

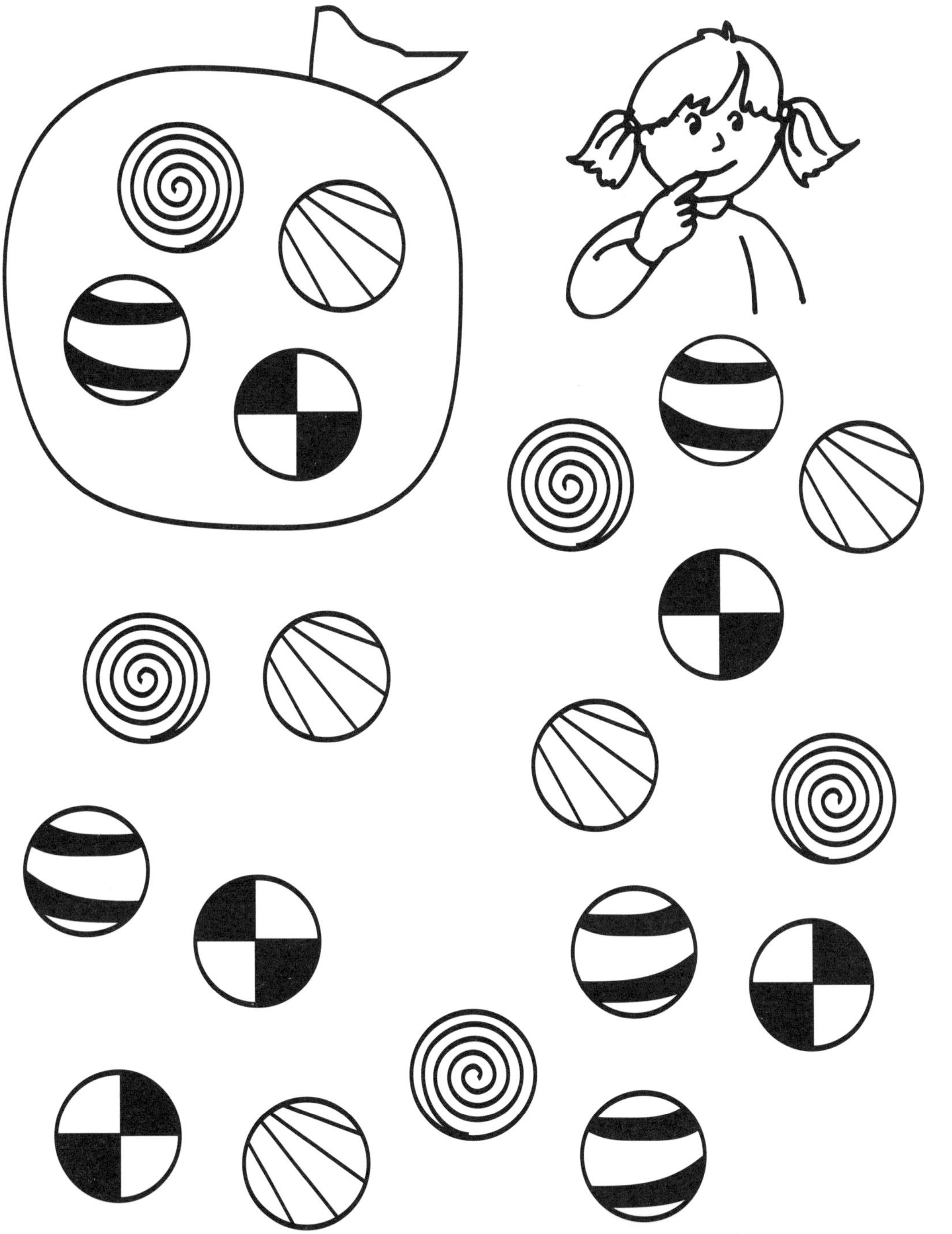

Was passt nicht?

In jeder Reihe befindet sich ein Gegenstand, der nicht zu den anderen passt. Finde ihn und male ihn aus.

Was fliegt denn da?

Am Himmel ist heute viel los. Zähle die verschiedenen Flieger und trage die richtige Anzahl mit Punkten unten in die Kästchen ein.

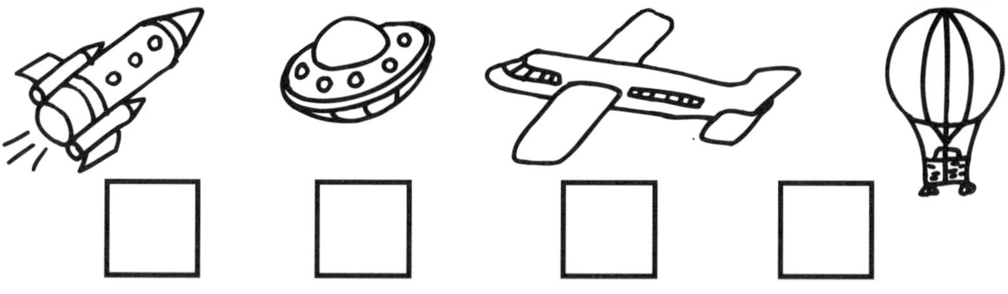

Eisbecher

Zähle die Eiskugeln in den Bechern und Waffeln.
Dann verbinde jedes Eis mit dem richtigen Würfelbild.

Ballonverkäufer

Maja und Eva freuen sich über ihre Ballons.
Kannst du gleiche Ballonformen in verschiedenen Größen entdecken?

Suchen und malen

Kannst du in dem Gewirr Zahlen und Buchstaben entdecken? Male sie in verschiedenen Farben aus.

Mengen sortieren

Umkreise immer so viele Gegenstände in den Kästchen, wie dir die Zahl anzeigt.

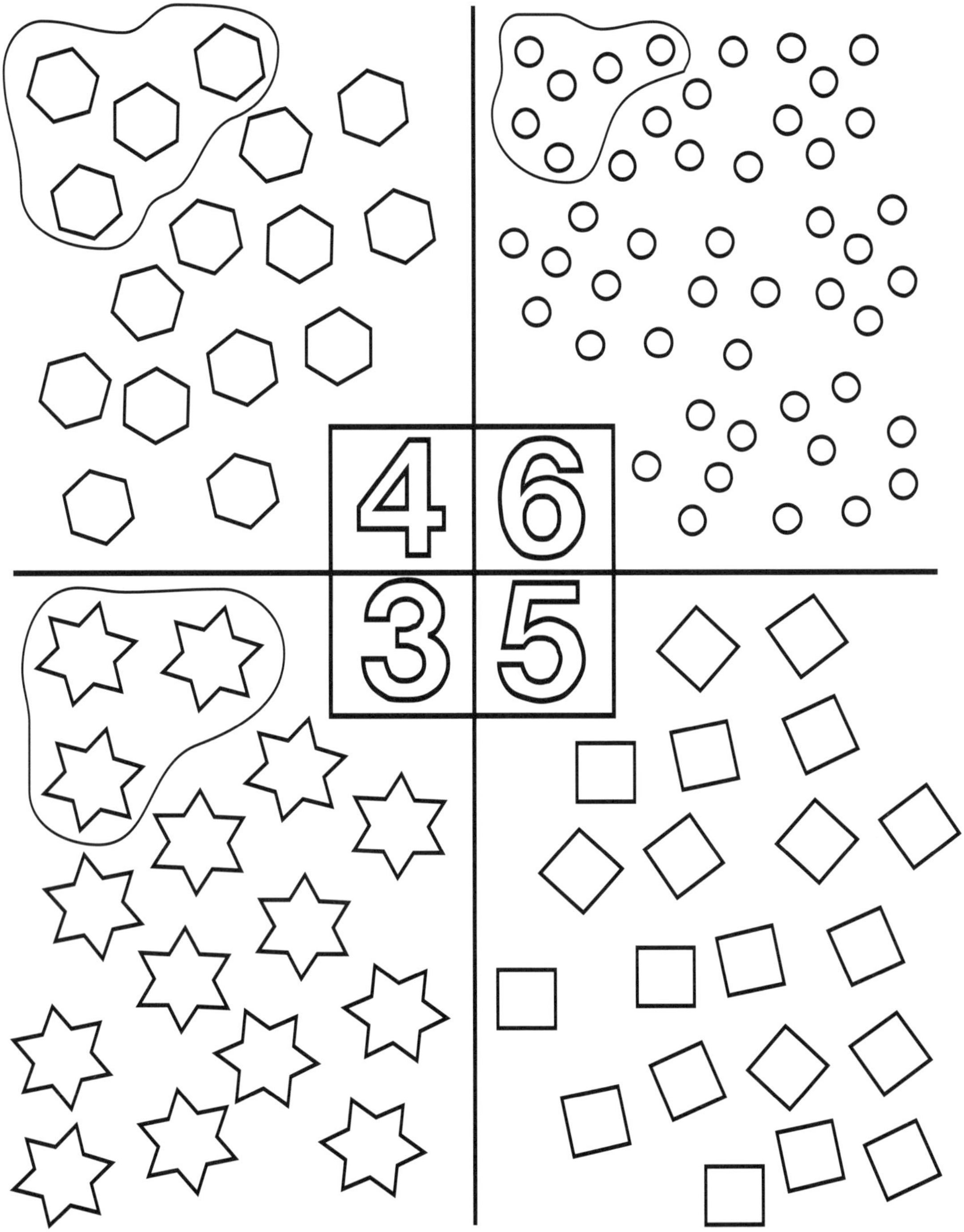

Lauter Socken

Oma strickt Socken. Welche sind die größten, welche die kleinsten? Welche gehören zusammen? Male das Bild bunt aus.

Labyrinth

Kannst du Jonas und Lisa helfen, den richtigen Weg zum Spielplatz zu finden?

Raten und zählen

Rate erst, wie viele Bonbons in jedem Glas sind.
Dann zähle genau nach.

4

6

10

3 5 8

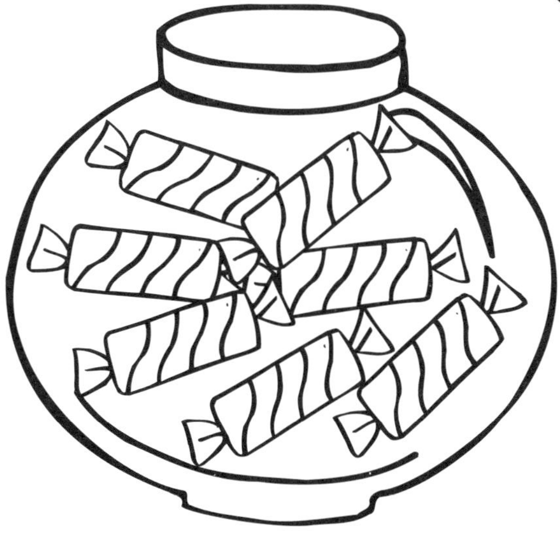

4

7

9

Fahrzeuge zählen

Male immer genauso viele Punkte aus, wie du Fahrzeuge im Bild entdecken kannst.

Familienbilder

Die Kinder schauen sich alte Fotos an. Kannst du erkennen, welche Bilder jeweils das gleiche Kind zeigen? Verbinde sie.

Viel und wenig

Die Hühner haben Eier gelegt. Wer hat die meisten Eier im Nest, wer die wenigsten? Schreibe die richtige Anzahl daneben.

1 2 3 4 5 6

Wie viel kostet das?

Im Spielzeugladen gibt es tolle Sachen zu kaufen. Kannst du die Zahlen auf den Preisschildern noch einmal deutlich nachschreiben?

Malen nach Zahlen

Male alle Felder mit einer 1 blau und alle Felder mit einer 2 grau aus.

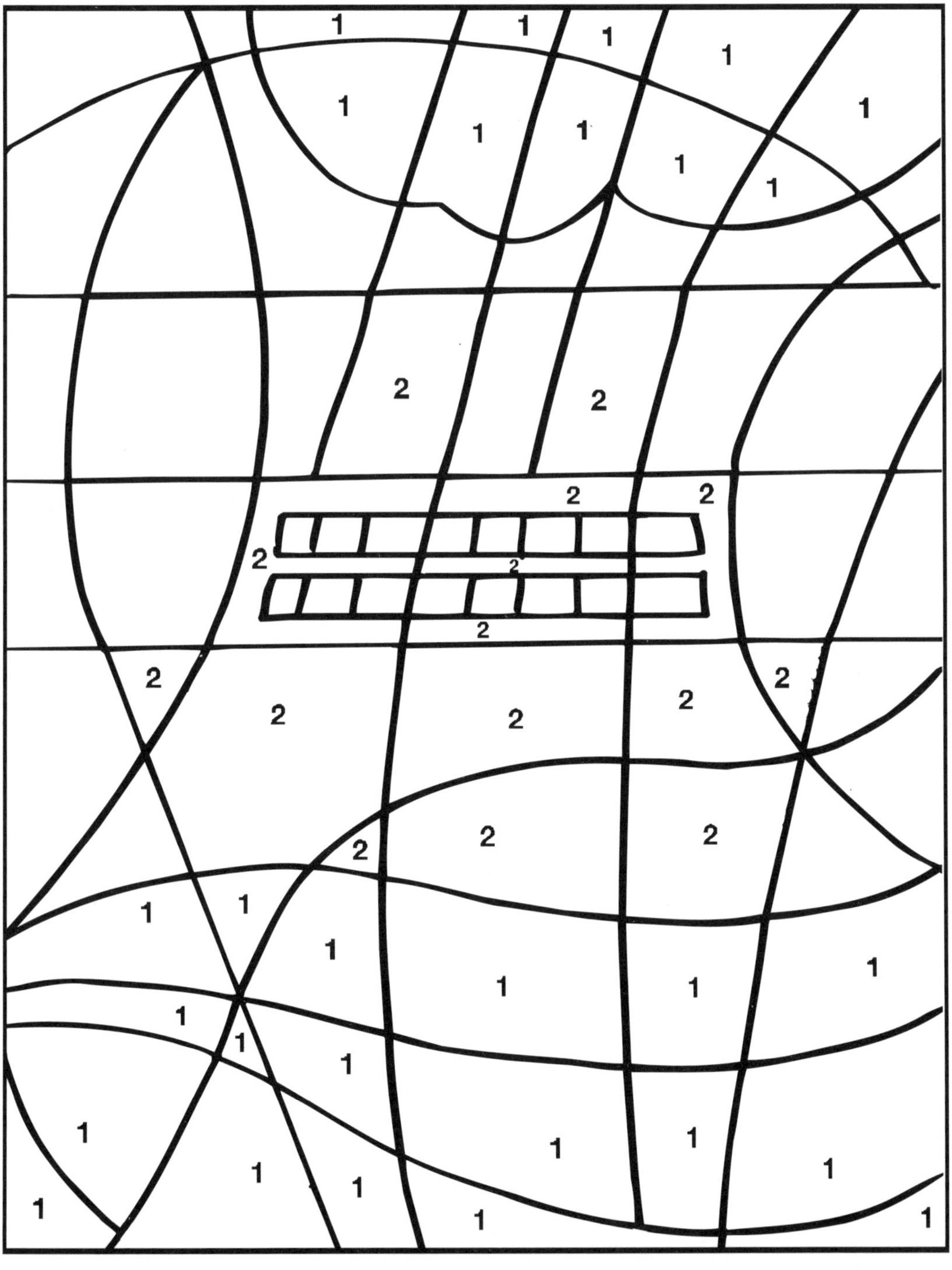

Erstes Rechnen

Schau dir die Zeichnungen an und zähle die Dinge zusammen. Verbinde sie dann mit dem richtigen Bild.

Spiegelbild

Kannst du den Formen das richtige Spiegelbild zuordnen? Male beide in der gleichen Farbe aus.

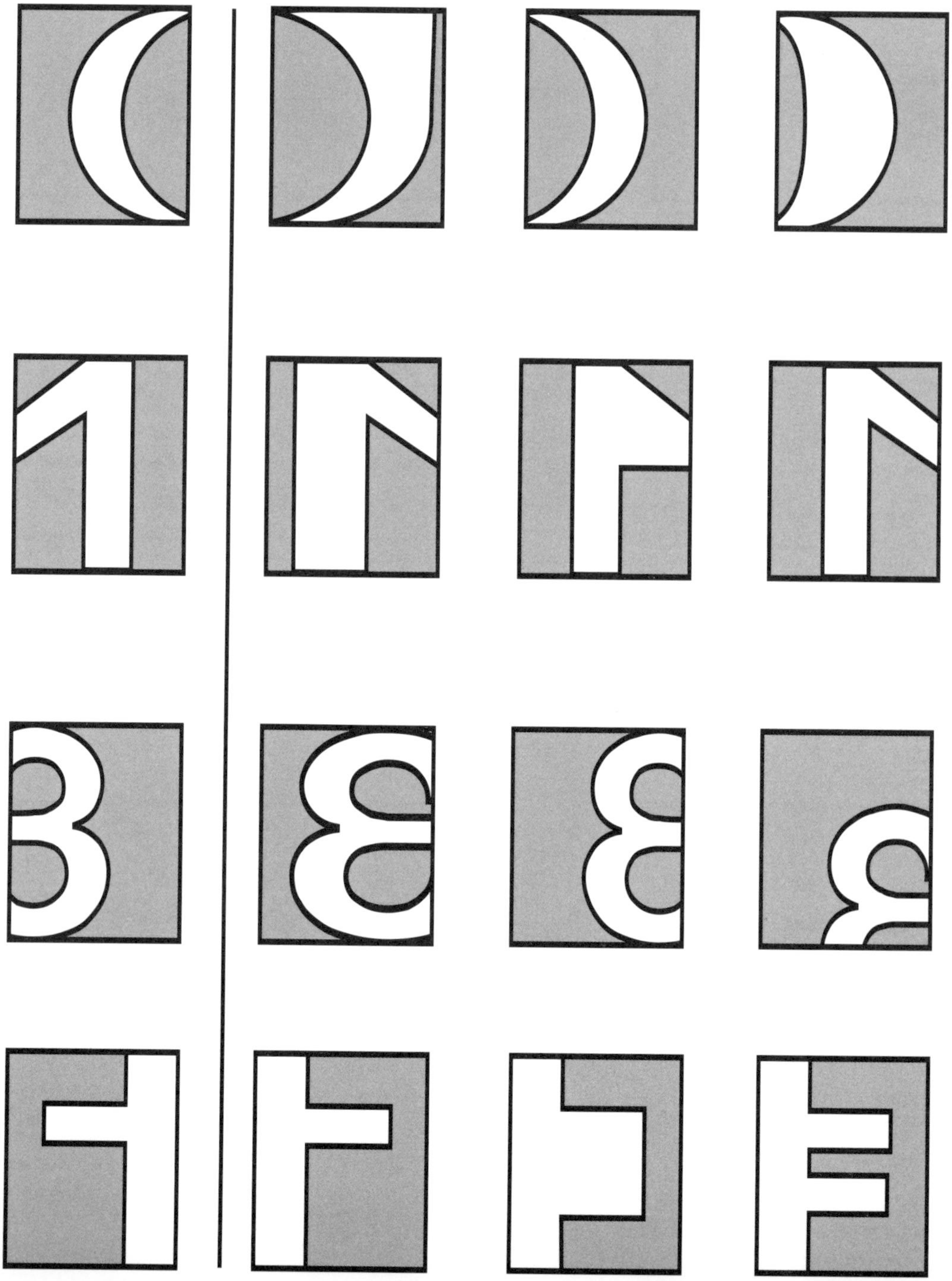

Schatten finden

Ordne jedem Tier den richtigen Schatten zu.

Schätze zählen

Der Drache bewacht einen großen Goldschatz und kommt beim Zählen durcheinander. Kannst du ihm helfen? Schreibe die Zahlen auf.

Geschichte erzählen

Schau die Bilder an und versuche, die Geschichte in ihrer richtigen Reihenfolge zu erzählen.

Was fehlt?

In jeder Reihe fehlt ein Zeichen. Kannst du das richtige finden und dazumalen?

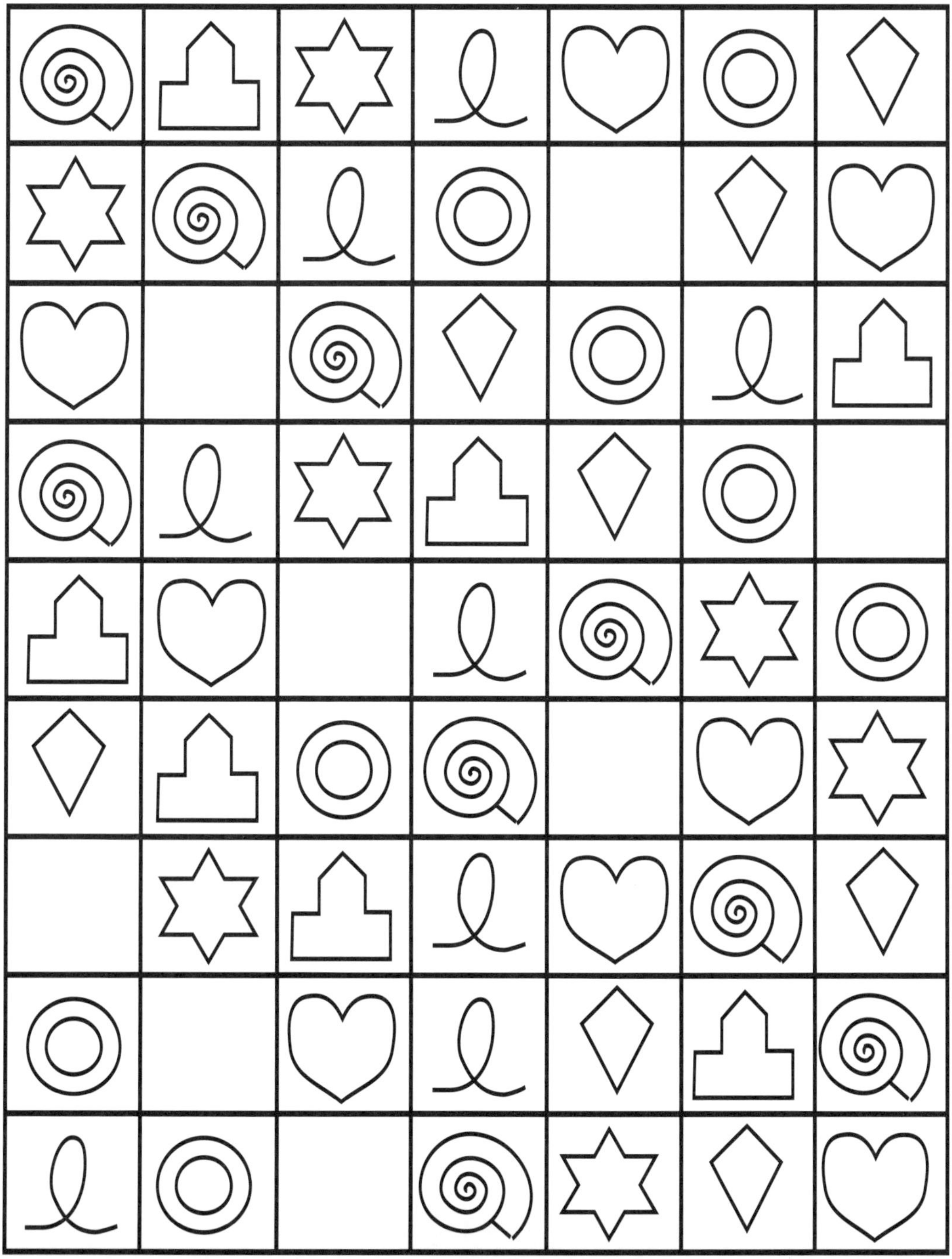

Mengen erkennen

Schau dir die verschiedenen Mengen an und versuche sie zu zählen. Male so viele Punkte aus.

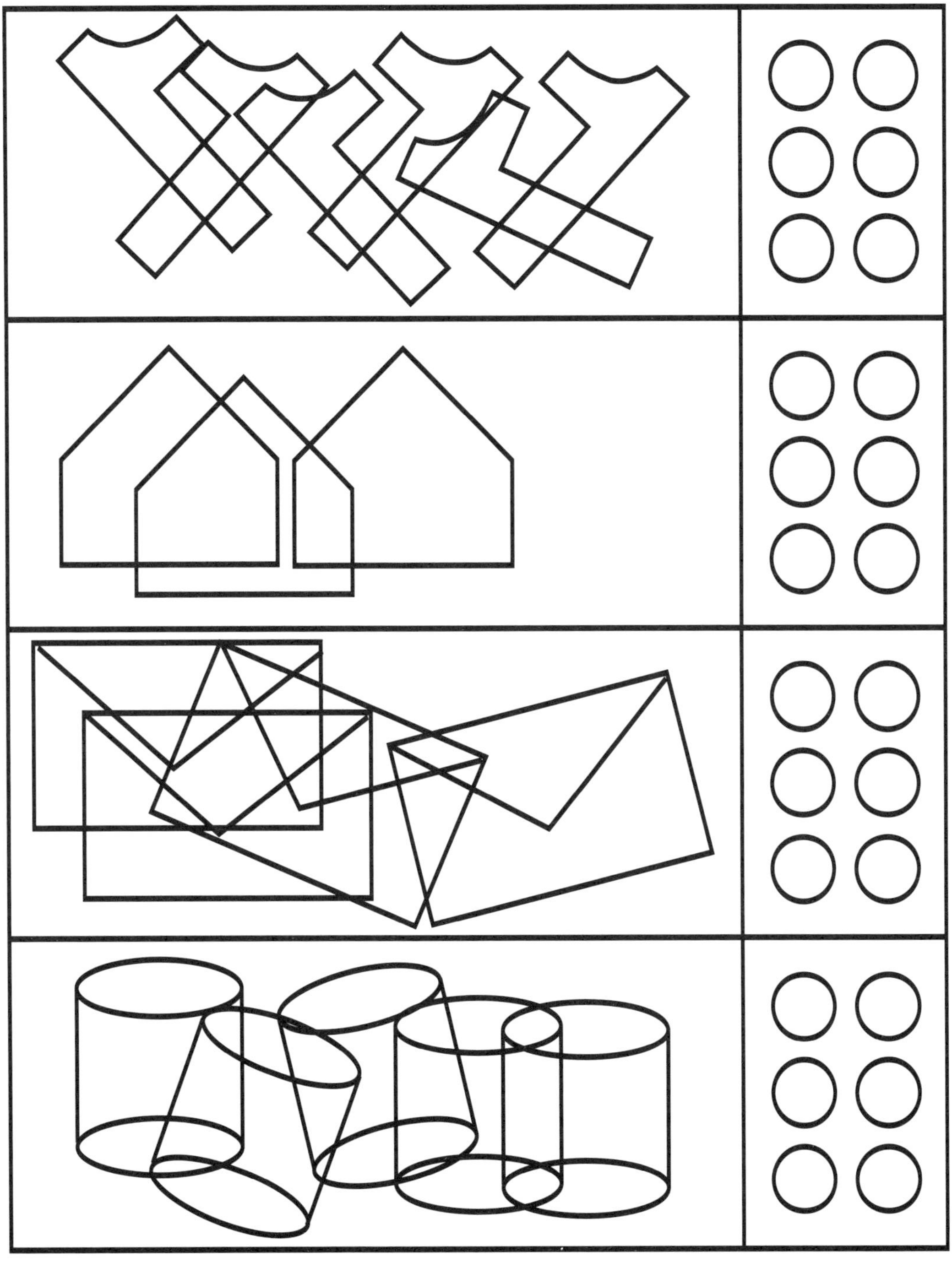

Jonglierbälle

Schau dir die Bälle oben genau an. Weißt du, welcher von den unteren Bällen in die Lücke gehört?

Tiere malen

Erkennst du die Tiere? Versuche, sie mithilfe der gestrichelten Linien nachzuzeichnen.

Gleich große Mengen

Zähle das Gemüse in den Kreisen. Immer zwei Kreise haben die gleiche Anzahl von Dingen. Verbinde sie miteinander.

Anfangsbuchstaben

Finde jeweils die beiden Dinge heraus, die den gleichen Anfangsbuchstaben haben, und verbinde sie miteinander.

Mengen und Zahlen

Wie viele Dinge gibt es von jeder Sorte? Verbinde die Zahlen mit den richtigen Kästchen.

2

3

5

6

4